KB218011

大方廣佛華嚴經 寫經

47

일러두기

1. 『사경본 한글역 대방광불화엄경』은 『독송본 한문·한글역 대방광불화엄경』에 수록된 한글역을 사경하는 데 편의를 도모하기 위해 편집을 달리하여 간행한 것이다.

2. 『독송본 한문·한글역 대방광불화엄경』은 실차난타가 한역(695~699)한 80권 『대방광불화엄경』의 한문 원문과 한글역을 함께 수록한 것이다. 한문 저본은 고종 2년(1865) 월정사에서 인경한 고려대장경 『대방광불화엄경』이다.

3. 한글 번역은 동국역경원에서 발간한 한글 『대방광불화엄경』(운허)을 중심으로 하고 『신화엄경합론』(탄허)과 『대방광불화엄경 강설』(여천무비) 그리고 최근의 여타 번역본 등을 참조하였다.

4. 한글 번역은 독송과 사경을 위하여 정확성과 아울러 가독성을 고려하였다. 극존칭은 부처님과 불경계에 대해서만 사용하였다.

5. 사경본의 차례는 일러두기 → 한글역 본문 → 화엄경 목차 → 간행사이며 80권 『대방광불화엄경』의 권별 목차 순으로 독송본과 함께 간행한다. (법공양판에는 간행사 다음에 간행불사 동참자를 밝혀 두었다.)

사경본 한글역

대방광불화엄경 제47권

33. 불부사의법품 [2]

수미해주

十惡懺法

대방광불화엄경 제47권 변상도

대방광불화엄경

제 47권

33. 불부사의법품 [2]

______________ 은(는) 『대방광불화엄경』을

사경하는 인연공덕으로

『화엄경』이 널리 유통되고

우리 모두 다함께 보리 이루기를 발원하옵니다.

대방광불화엄경

제47권

33. 불부사의법품 [2]

"불자여, 모든 부처님 세존께는 열 가지 광대한 불사가 있으니, 한량없고 가없고 불가사의하여 일체 세간의 모든 천신과 사람들이 모두 알 수 없고, 과거와 미래와 현재의 있는 바 일체 성문과 독각도 또한 알 수 없고, 오직 여래의 위신력은 제외한다.

무엇이 열인가?

이른바 일체 모든 부처님께서 온 허공과 법계에 두루한 일체 세계의 도솔타천에 태어남을 다 나타내어 보살행을 닦아 큰 불사를 지으신다.

한량없는 색상과 한량없는 위덕과 한량없는 광명과 한량없는 음성과 한량없는 말씀과 한량없는 삼매와 한량없는 지혜의 행하는 바 경계로써 일체 사람과 천신과 마군과 범천과 사문과 바라문과 아수라 등을 거두어 주는데, 대자가 걸림이 없고 대비가 끝까지 이르러 일체 중생을 평등하게 요익하게 하신다.

혹 천상에 태어나게 하며, 혹 인간에 태어나게 하며, 혹 그 근을 깨끗이 하며, 혹 그 마음을 조복하신다. 혹은 때로 차별한 삼승을 설하고, 혹은 때로 원만한 일승을 설하여, 널리 모두 제도하여 생사에서 벗어나게 하신다.

이것이 첫째 광대한 불사이다.

불자여, 일체 모든 부처님께서 도솔천에서 내려와 모태에 들며 구경의 삼매로 태어나는 법을 관찰하되 환과 같고, 허깨비와 같고, 그림자와 같고, 허공과 같고, 더울 때의 아지랑이와 같아서, 즐김을 따라 태어남이 한량없고 걸림이 없으며, 다툼이 없는 법에 들어가고 집착이 없는 지혜를 일으켜 탐욕을 여의고 청정하여 광대하고 미묘한 장엄의 창고를 성취하며, 최후의 몸을 받아 큰 보배로 장엄한 누각에 머무르면서 불사를 지으신다.

혹은 위신력으로 불사를 짓고, 혹은 바른 생각으로 불사를 짓고, 혹은 신통을 나타내어 불사를 짓고, 혹은 지혜의 태양을 나타내어 불사를 지으신다.

혹은 모든 부처님의 광대한 경계를 나타내어 불사를 짓고, 혹은 모든 부처님의 한량없는 광명을 나타내어 불사를 짓고, 혹은 수없이 넓고 큰 삼매에 들어 불사를 짓고, 혹은 저 모든 삼매에서 일어나 불사를 지으신다.

불자여, 여래께서 그때 모태 안에 있으면서 일체 세간을 이익하게 하려고 갖가지로 나타내 보여 불사를 지으신다.

이른바 혹은 처음 탄생함을 나타내고, 혹은 동자를 나타내고, 혹은 궁전에 있음을 나타내고, 혹은 출가함을 나타내고, 혹은 다시 평등한 바른 깨달음을 이룸을 나타내 보이고, 혹은 다시 미묘한 법륜 굴림을 나타내 보이고, 혹은 열반에 듦을 나타내 보이신다.

이와 같이 모두 갖가지 방편으로써 일체 방위와 일체 그물과 일체 도는 것과 일체 종과 일체 세계 안에서 불사를 지으신다.

이것이 둘째 광대한 불사이다.

불자여, 일체 모든 부처님께서 일체 착한 업이 다 이미 청정하였고 일체 생겨나는 지혜가 다 이미 밝고 깨끗해졌으나, 생겨나는 법으로써 미혹한 중생들을 달래어 인도하여 그들로 하여금 깨달아서 온갖 착한 일을 갖추어 행하게 하며 중생들을 위한 까닭으로 왕궁에 탄생함을 보이신다.

일체 모든 부처님께서 모든 물질과 욕망과 궁전과 기악을 모두 이미 버리고 여의어서 탐하고 물드는 바가 없으시다.

모든 존재가 공하여 자체의 성품이 없고 일체 즐길거리가 다 진실하지 않음을 항상 관찰하며, 부처님의 청정한 계를 지니어 끝까지 원만하게 하신다.

모든 궁전 내의 처첩과 시종들을 보고는 대비로 가엾게 여기는 마음을 내며, 모든 중생들이 허망하여 진실하지 아니함을 보고는 대자의 마음을 일으키며, 모든 세간이 하나도 즐거울 것이 없음을 보고는 대희의 마음을 내며, 일체 법에 마음이 자재함을 얻고는 대사의 마음을 일으키신다.

부처님의 공덕을 갖추고 법계에 남을 나타내어 몸 모습이 원만하고 권

속이 청정하되 일체에 모두 집착하는 바가 없으며, 부류를 따르는 음성으로 대중을 위해 연설하며, 세상 법에 깊이 싫어하여 여의는 마음을 내게 하고, 그 행하는 바와 같이 얻는 바 과보를 보이신다.

다시 방편으로써 응함을 따라 교화하되, 성숙하지 못한 자는 그로 하여금 성숙하게 하며, 이미 성숙한 자는 해탈을 얻게 하며, 위하여 불사를 지어 퇴전하지 않게 하신다.

다시 광대한 자비의 마음으로 항

상 중생들을 위하여 갖가지 법을 설하며, 또 세 가지 자재함을 나타내 보여 그들로 하여금 깨달아서 마음이 청정하게 하신다.

비록 궁전 내에 있어서 대중들이 다 보는 바이나 일체 모든 세계에서 불사를 지으며, 큰 지혜와 큰 정진으로 갖가지 모든 부처님의 신통을 나타내 보이되, 걸림이 없고 다함이 없으며 항상 세 가지 교묘한 방편의 업에 머무르신다.

이른바 몸의 업이 끝까지 청정하

며, 말의 업이 항상 지혜를 따라 행하며, 뜻의 업이 매우 깊어 장애가 없으니, 이 방편으로 중생들을 이익하게 하신다.

이것이 셋째 광대한 불사이다.

불자여, 일체 모든 부처님께서 갖가지로 장엄한 궁전에 있으면서 관찰하고는 싫어해 여의어 버리고 출가함을 보이신다. 중생들로 하여금 세상 법이 모두 망상이라 항상함이 없이 부서져 무너지는 것임을 밝게 알아서 깊이 싫어해 여읨을 일으켜 물들어 집착함을 내지 않으며, 세간의 탐욕과 애착의 번뇌를 길이 끊고 청정한 행을 닦게 하여 중생들을 이익하게 하시고자 함이다.

출가할 때에는 세속의 위의를 버리고 다툼이 없는 법에 머물러 본래의 서원과 한량없는 공덕을 만족한다. 큰 지혜의 빛으로 세간의 어리석은 어둠을 소멸하고 모든 세간의 위없는 복밭이 되며, 항상 중생들을 위하여 부처님의 공덕을 찬탄하여 부처님 처소에서 모든 착함의 근본을 심으며 지혜의 눈으로 진실한 이치를 보게 하신다.

다시 중생들을 위하여 출가가 청정하고 허물이 없어서 영원히 벗어남을 얻어 길이 세간의 지혜의 높은 깃대가 됨을 찬탄하신다.

이것이 넷째 광대한 불사이다.

불자여, 일체 모든 부처님께서 일체지를 갖추어서 한량없는 법을 모두 이미 알고 보았으며, 보리수 아래에서 가장 바른 깨달음을 이루어 온갖 마군을 항복 받음에 위덕이 특히 높으시다.

그 몸이 일체 세계에 가득하고 위신력으로 짓는 바가 가없고 다함이 없으며, 일체지로 행하는 바의 뜻에 모두 자재함을 얻어서, 모든 공덕을 닦아 다 이미 원만하시다.

그 보리좌는 장엄을 구족하여 시방의 일체 세계에 두루한데, 부처님께서 그 위에 앉아서 미묘한 법륜을 굴리어 모든 보살들의 있는 바 행원을 설하신다.

한량없는 모든 부처님의 경계를 열어 보여서, 모든 보살들로 하여금 다 깨달아 들어감을 얻고 갖가지 청정하고 미묘한 행을 수행하게 하며, 다시 능히 일체 중생에게 보이고 인도하여 선근을 심어 여래의 평등한 땅에 나며, 모든 보살들의 가없이 미묘한 행에 머물러 일체 공덕의 수승한 법을 성취하게 하신다.

일체 세계와 일체 중생과 일체 부처님 세계와 일체 모든 법과 일체 보살과 일체 교화와 일체 삼세와 일체 조복과 일체 신통 변화와 일체 중생의 마음의 욕락을 모두 잘 밝게 알아서 불사를 지으신다.

이것이 다섯째 광대한 불사이다.

불자여, 일체 모든 부처님께서 물러나지 않는 법륜을 굴리시니 모든 보살들이 퇴전하지 않게 하는 까닭이며, 한량없는 법륜을 굴리시니 일체 세간이 다 분명히 알게 하는 까닭이다.

일체를 깨닫게 하는 법륜을 굴리시니 능히 크게 두려움 없이 사자후하는 까닭이며, 일체 법의 지혜 창고 법륜을 굴리시니 법장의 문을 열어 어두움의 장애를 없애는 까닭이며, 걸림이 없는 법륜을 굴리시니 허공과 같은 까닭이며, 집착이 없는 법륜을 굴리시니 일체 법이 있음도 없음도 아님을 관하는 까닭이다.

세상을 비추는 법륜을 굴리시니 일체 중생으로 하여금 법의 눈을 깨끗하게 하는 까닭이며, 일체지를 열어 보이는 법륜을 굴리시니 일체 삼세의 법에 다 두루하는 까닭이며, 일체 부처님과 동일한 법륜을 굴리시니 일체 부처님의 법이 서로 어기지 않는 까닭이다.

일체 모든 부처님께서 이와 같은 등 한량없고 수없는 백천억 나유타 법륜으로 모든 중생들 마음의 행의 차별을 따라서 불사를 지으심이 불가사의하다.

이것이 여섯째 광대한 불사이다.

불자여, 일체 모든 부처님께서 일체 왕도와 성읍에 들어가서 모든 중생들을 위하여 불사를 지으신다.

이른바 인간 왕의 도읍과, 천왕의 도읍과, 용왕과 야차왕과 건달바왕과 아수라왕과 가루라왕과 긴나라왕과 마후라가왕과 나찰왕과 비사사왕인 이와 같은 왕 등의 일체 도읍이다.

성문에 들어갈 때에 대지가 진동하고 광명이 널리 비추어 눈먼 자가 눈을 얻고, 귀먹은 자가 귀를 얻고, 미친 자가 마음을 얻고, 헐벗은 자가 옷을 얻고, 모든 근심하고 괴로운 자들이 다 안락을 얻으며, 일체 악기가 두드리지 않아도 스스로 울리고, 모든 장엄거리가 쓰거나 쓰지 않거나 모두 미묘한 소리를 내어 중생들이 듣는 자가 기뻐하고 즐거워하지 않음이 없다.

일체 모든 부처님께서 색신이 청정하고 상호가 구족하여 보는 자가 싫어함이 없어서 능히 중생들을 위하여 불사를 지으신다.

이른바 혹은 돌아보며, 혹은 관찰하며, 혹은 움직이고 돌며, 혹은 굽히고 펴며, 혹은 가며, 혹은 머무르며, 혹은 앉으며, 혹은 누우며, 혹은 침묵하며, 혹은 말하며, 혹은 신통을 나투며, 혹은 법을 설하며, 혹은 가르치고 타이르는, 이와 같은 일체로 모두 중생들을 위하여 불사를 지으신다.

일체 모든 부처님께서 널리 일체 수없는 세계의 갖가지 중생 마음의 즐겨하는 바다에서 권하여 부처님을 생각하게 하고 항상 부지런히 관찰하며 모든 선근을 심어 보살행을 닦게 하신다. 부처님의 색상이 미묘하고 제일이어서 일체 중생이 만나기 어려우나, 만약 친견하여 신심을 일으키면 곧 일체 한량없이 착한 법을 내어 부처님의 공덕을 모아 널리 다 청정하여짐을 찬탄하신다.

이와 같이 부처님의 공덕을 찬탄하고는 몸을 나누어 시방세계로 널리 가서 모든 중생들로 하여금 다 우러러 받들며 사유하고 관찰하며, 받들어 섬기고 공양올리며, 모든 선근을 심어 부처님을 환희하시게 하고 부처님의 종자를 증장하여 모두 마땅히 성불하게 하시니, 이와 같은 행으로써 불사를 지으신다.

혹은 중생들을 위하여 색신을 나타내 보이며 혹은 미묘한 음성을 내며 혹은 다만 미소를 지어서 그들로 하여금 믿고 즐겨하여 머리를 숙여 예경하고 몸을 굽혀 합장하며, 드날리고 찬탄하며, 기거함을 문안하게 하시어 불사를 지으신다.

일체 모든 부처님께서 이와 같은 등 한량없고 수없고 말할 수 없고 불가사의한 갖가지 불사로써 일체 세계에서 모든 중생들의 마음에 즐겨 하는 바를 따라서, 본래의 원력과 큰 자비의 힘과 일체지의 힘으로써 방편으로 교화하여 다 조복하게 하신다.

이것이 일곱째 광대한 불사이다.

불자여, 일체 모든 부처님께서 혹은 아란야 처소에 머무르면서 불사를 짓고, 혹은 적정한 곳에 머무르면서 불사를 짓고, 혹은 텅 비고 한가한 곳에 머무르면서 불사를 지으신다.

혹은 부처님이 머무르신 곳에 머무르면서 불사를 짓고, 혹은 삼매에 머무르면서 불사를 짓고, 혹은 동산의 숲에 홀로 머무르면서 불사를 짓고, 혹은 몸을 숨기고 나타나지 않으면서 불사를 지으신다.

혹은 매우 깊은 지혜에 머물러서 불사를 짓고, 혹은 모든 부처님의 견

줄 데 없는 경계에 머물러서 불사를 짓고, 혹은 볼 수 없는 갖가지 몸과 행에 머물러서 모든 중생들의 마음에 즐겨함과 욕망과 지해를 따라 방편으로 교화하되 휴식함이 없이 불사를 지으신다.

혹은 천신의 몸으로 일체지를 구하면서 불사를 짓고, 혹은 용의 몸과 야차의 몸과 건달바의 몸과 아수라의 몸과 가루라의 몸과 긴나라의 몸과 마후라가와 사람인 듯 사람 아닌 듯한 이 등의 몸으로 일체지를 구하면서 불사를 짓고, 혹은 성문의 몸과 독각의 몸과 보살의 몸으로 일체지를 구하면서 불사를 짓고, 어떤 때는 법을 설하고 어떤 때는 고요히 침묵하여 불사를 지으신다.

혹은 한 부처님을 설하고 혹은 많은 부처님을 설하여 불사를 짓고, 혹은 모든 보살들의 일체 행과 일체 원이 한 행과 원이 됨을 설하여 불사를 짓고, 혹은 모든 보살들의 한 행과 한 원이 한량없는 행과 원이 됨을 설하여 불사를 짓고, 혹은 부처님의 경계가 곧 세간의 경계임을 설하여 불사를 짓고, 혹은 세간의 경계가 곧 부처님의 경계임을 설하여 불사를 짓고, 혹은 부처님의 경계가 곧 경계가 아님을 설하여 불사를 지으신다.

혹은 하루를 머무르고, 혹은 하룻밤을 머무르고, 혹은 반달을 머무르고, 혹은 한 달을 머무르고, 혹은 일년을 머무르고, 내지 말할 수 없는 겁을 머무르면서 모든 중생들을 위하여 불사를 지으신다.

이것이 여덟째 광대한 불사이다.

불자여, 일체 모든 부처님은 청정한 선근을 내는 창고이시다. 모든 중생들로 하여금 부처님 법 가운데 깨끗한 믿음과 지해를 내고 모든 근을 조복하여 길이 세간을 여의게 하며, 모든 보살들로 하여금 보리의 도에 지혜의 밝음을 갖추어 다른 이를 말미암지 않고 깨닫게 하신다.

혹은 열반을 나타내어 불사를 지으며, 혹은 세간이 모두 다 무상함을 나타내어 불사를 지으며, 혹은 부처님의 몸을 설하여 불사를 지으며, 혹은 짓는 바가 모두 다 이미 갖추어졌음을 설하여 불사를 지으신다.

혹은 공덕이 원만하고 모자람이 없음을 설하여 불사를 지으며, 혹은 모든 존재의 근본을 영원히 끊음을 설하여 불사를 지으며, 혹은 중생으로 하여금 세간을 싫어하여 떠나고 부처님의 마음을 수순하게 하여 불사를 지으며, 혹은 수명이 마침내 다함에 돌아감을 설하여 불사를 지으신다.

혹은 세간은 하나도 즐거울 것이

없음을 설하여 불사를 지으며, 혹은 미래제가 다하도록 모든 부처님께 공양올림을 설하여 불사를 지으며, 혹은 모든 부처님께서 청정한 법륜을 굴림을 설하여 그들로 하여금 듣고 크게 환희를 내게 하여 불사를 지으며, 혹은 모든 부처님의 경계를 설하여 그들로 하여금 발심해서 모든 행을 닦게 하여 불사를 지으신다.

혹은 염불삼매를 설하여 그들로 하여금 발심하여 항상 부처님을 친견하기를 즐겨하게 하여 불사를 지으며, 혹은 모든 근이 청정하여 부지런히 불도를 구하고 마음이 게을러 물러남이 없음을 설하여 불사를 지으며, 혹은 일체 모든 부처님의 국토에 나아가서 모든 경계와 갖가지 인연을 관하여 불사를 지으며, 혹은 일체 모든 중생들의 몸을 거두어 다 부처님의 몸을 삼아 모든 게으르고 방일한 중생들로 하여금 다 여래의 청정한 금계에 머무르게 하여 불사를 지으신다.

이것이 아홉째 광대한 불사이다.

불자여, 일체 모든 부처님께서 열반에 드실 때에 한량없는 중생들이 슬피 울고 눈물 흘리며 큰 근심과 괴로움을 내어 서로 번갈아 쳐다보면서 이 말을 하되 '여래 세존께서 큰 자비가 있으셔서 일체 세간을 가엾게 여기고 요익케 하여, 모든 중생들에게 구호할 이가 되고 귀의처가 되니, 여래의 출현하심을 만나기 어렵거늘 위없는 복밭이 이제 길이 사라지는구나'라고 하니, 곧 이와 같이 모든 중생들로 하여금 슬피 울고 그

리워하게 하여 불사를 지으신다.

다시 일체 천신과 사람과 용신과 야차와 건달바와 아수라와 가루라와 긴나라와 마후라가와 사람인 듯 사람 아닌 듯한 이 등을 교화하여 제도하기 위한 까닭으로 그들의 욕락을 따라 스스로 그 몸을 부수어서 사리를 만들되 한량없고 수없고 불가사의하여 모든 중생들로 하여금 청정한 신심을 일으키게 하며, 공경하고 존중하며 환희하고 공양올려 모든 공덕을 닦아서 구족하고 원만하게 하신다.

다시 탑을 세우고 갖가지로 장엄하여 모든 천궁과, 용궁과, 야차의 궁전과, 건달바와 아수라와 가루라와 긴나라와 마후라가와 사람인 듯 사람 아닌 듯한 이 등의 모든 궁전에서 공양을 올린다. 치아와 손톱과 머리카락으로 모두 탑을 세워 그 보는 자들로 하여금 모두 다 부처님을 생각하고 법을 생각하고 스님을 생각하며 믿음과 즐거움을 돌이키지 않고 정성으로 공경하고 존중하며, 있는 곳마다 보시하고 공양올려 모든 공덕을 닦게 하신다.

이러한 복으로 혹 천상에 태어나고 혹 인간에 거처하되 종족이 존귀하고 재산이 풍족하고 있는 바 권속들이 모두 다 청정하며, 나쁜 길에 떨어지지 않고 항상 좋은 길에 태어나서 늘 부처님을 친견하고 온갖 착한 법을 구족하며, 세 가지 세계에서 빨리 벗어남을 얻어 각각 원하는 바를 따라 자기의 과보를 얻으며, 여래의 처소에서 은혜를 알고 은혜를 갚으며, 길이 세간의 귀의할 바가 된다.

불자여, 모든 부처님 세존께서 비록 반열반 하시더라도 중생들에게 부사의하고 청정한 복전과 다함없는 공덕의 가장 높은 복전이 되어 모든 중생들로 하여금 선근이 구족하고 복덕이 원만하게 하신다.

이것이 열째 광대한 불사이다.

불자여, 이 모든 불사가 한량없고 광대하고 불가사의하여, 일체 세간의 모든 천신과 사람과 그리고 과거

미래 현재의 성문과 독각들은 모두 알 수 없고, 오직 여래의 위신력으로 가피하신 이는 제외한다.

불자여, 모든 부처님 세존께는 열 가지 둘이 없는 행에 자재하신 법이 있으니, 무엇이 열인가?

이른바 일체 모든 부처님께서 수기하는 말씀을 다 능히 잘 설하심이 결정하여 둘이 없으며, 일체 모든 부처님께서 다 능히 중생들 마음에 생각

함을 따라 그 뜻을 만족하게 하심이 결정하여 둘이 없다.

일체 모든 부처님께서 다 능히 일체 모든 법을 분명히 깨닫고 그 뜻을 연설하심이 결정하여 둘이 없으며, 일체 모든 부처님께서 과거와 미래와 현재세의 모든 부처님의 지혜를 다 능히 구족하심이 결정하여 둘이 없다.

일체 모든 부처님께서 삼세의 일체 찰나가 곧 한 찰나임을 다 아시는 것이 결정하여 둘이 없으며, 일체 모든 부처님께서 삼세 일체 부처님의 세계가 한 부처님의 세계에 들어감을 다 아시는 것이 결정하여 둘이 없다.

일체 모든 부처님께서 삼세 일체 부처님의 말씀이 곧 한 부처님의 말씀임을 다 아시는 것이 결정하여 둘이 없으며, 일체 모든 부처님께서 삼세 일체 모든 부처님의 그 교화하실 바 일체 중생과 더불어 자체 성품이 평등함을 다 아시는 것이 결정하여 둘이 없다.

일체 모든 부처님께서 세상 법과

모든 부처님 법의 성품이 차별 없음을 다 아시는 것이 결정하여 둘이 없으며, 일체 모든 부처님께서 삼세 일체 모든 부처님의 있는 바 선근이 동일한 선근임을 다 아시는 것이 결정하여 둘이 없다.

이것이 열이다.

불자여, 모든 부처님 세존께는 일체 법에 머무르시는 열 가지 머무름이 있으니, 무엇이 열인가?

이른바 일체 모든 부처님께서 일체 법계를 깨달음에 머무르시고, 일체 모든 부처님께서 크게 가엾게 여기는 말씀에 머무르신다.

일체 모든 부처님께서 본래의 큰 서원에 머무르시고, 일체 모든 부처님께서 중생들을 버리지 않고 조복함에 머무르시고, 일체 모든 부처님께서 자체 성품이 없는 법에 머무르시고, 일체 모든 부처님께서 평등한 이익에 머무르신다.

일체 모든 부처님께서 잊어버림이

없는 법에 머무르시고, 일체 모든 부처님께서 장애가 없는 마음에 머무르시고, 일체 모든 부처님께서 항상 바른 선정의 마음에 머무르시고, 일체 모든 부처님께서 일체 법에 평등하게 들어가 실제의 상을 어기지 않음에 머무르신다.

이것이 열이다.

불자여, 모든 부처님 세존께는 일체 법을 알아 다하고 남음이 없는 것이 열 가지가 있으니, 무엇이 열인가?

이른바 과거의 일체 법을 알아 다하고 남음이 없으며, 미래의 일체 법을 알아 다하고 남음이 없으며, 현재의 일체 법을 알아 다하고 남음이 없다.

일체 말하는 법을 알아 다하고 남음이 없으며, 일체 세간의 도리를 알아 다하고 남음이 없으며, 일체 중생의 마음을 알아 다하고 남음이 없으며, 일체 보살의 선근이 상·중·하의 갖가지로 나눈 지위를 알아 다하고 남음이 없다.

일체 부처님의 원만한 지혜와 그리고 모든 선근이 늘지도 않고 줄지도 않음을 알아 다하고 남음이 없으며, 일체 법이 모두 인연으로 좇아 일어남을 알아 다하고 남음이 없으며, 일체 세계종을 알아 다하고 남음이 없으며, 일체 법계 가운데 인다라 그물과 같은 모든 차별한 일을 알아 다하고 남음이 없다.

이것이 열이다.

불자여, 모든 부처님 세존께는 열 가지 힘이 있으니, 무엇이 열인가?

이른바 광대한 힘과, 가장 높은 힘과, 한량없는 힘과, 큰 위덕의 힘과, 얻기 어려운 힘과, 물러나지 않는 힘과, 견고한 힘과, 파괴할 수 없는 힘과, 일체 세간이 헤아릴 수 없는 힘과, 일체 중생이 흔들 수 없는 힘이다.

이것이 열이다.

불자여, 모든 부처님 세존께는 열 가지 큰 나라연 당기처럼 용맹하고 굳건한 법이 있으니, 무엇이 열인가?

이른바 일체 모든 부처님은 그 몸을 무너뜨릴 수 없고, 목숨을 끊을 수 없다. 세간의 독약으로 중독시킬 수 없고, 일체 세계의 물과 불과 바람의 재앙이 모두 부처님의 몸을 해할 수 없다.

일체 모든 마군과 천신과 용과 야차와 건달바와 아수라와 가루라와 긴나라와 마후라가와 사람인 듯 사람 아닌 듯한 이와 비사사와 나찰 등이 그 세력을 다하여 큰 금강을 비내리기를 수미산과 철위산과 같이 해서 삼천대천세계에 두루하여 일시에 함께 내리더라도 능히 부처님으로 하여금 마음이 놀라거나 두렵게 하지 못한다.

내지 한 터럭도 또한 흔들어 움직이지 아니하고, 가고 서고 앉고 누움에 조금도 변하여 바뀜이 없으며, 부처님께서 머무르신 곳에서 사방으로 멀거나 가까운 곳에 그들로 하여금 내리지 못하게 하면 곧 비내릴 수 없고, 가령 막지 아니하여 비내리더라도 마침내 손상되지 않는다.

만약 어떤 중생이 부처님의 가지하신 바와 부처님의 심부름하는 바가 되어도 오히려 해할 수 없는데, 하물며 여래의 몸이겠는가?

이것이 모든 부처님의 첫째 큰 나라연 당기처럼 용맹하고 굳건한 법이다.

불자여, 일체 모든 부처님께서 일

체 법계의 모든 세계 가운데 수미산왕과 철위산과 큰 철위산과 큰 바다와 산림과 궁전과 집들을 한 모공에 두어서 미래 겁이 다하도록 모든 중생들은 깨닫지 못하고 알지 못한다. 오직 여래의 위신력으로 가피받은 이는 제외된다.

불자여, 그때에 모든 부처님께서 한 모공에 저러한 일체 세계를 지니고 미래 겁이 다하도록 혹은 가고 혹은 머무르며 혹은 앉고 혹은 눕더라도 한 생각도 고달픈 마음을 내시지 않는다.

불자여, 비유하면 허공이 일체 온 법계 가운데 있는 바 세계를 널리 지니더라도 고달픔이 없는 것과 같이, 일체 모든 부처님께서 한 모공에 모든 세계를 지니심도 또한 다시 이와 같다.

이것이 모든 부처님의 둘째 큰 나라연 당기처럼 용맹하고 굳건한 법이다.

불자여, 일체 모든 부처님께서 능

히 한 생각에 말할 수 없이 말할 수 없는 세계 미진수의 걸음을 걷고, 날날 걸음마다 말할 수 없이 말할 수 없는 부처님 세계 미진수의 국토를 지나며, 이와 같이 걸어서 일체 세계 미진수의 겁을 경과하신다.

불자여, 가령 하나의 큰 금강산이 있는데, 위에서 지나온 바 일체 부처님 세계와 더불어 그 분량이 바로 같으며, 이와 같이 분량이 같은 큰 금강산이 말할 수 없이 말할 수 없는 부처님 세계 미진수가 있는데, 모든 부처님께서 능히 이와 같은 모든 산을 한 모공에 두신다.

부처님 몸의 모공이 법계 가운데 일체 중생의 모공 수와 같은데, 낱낱 모공에 모두 저러한 큰 금강산을 두고, 저러한 산을 지니고 시방으로 다니면서 온 허공의 일체 세계에 들어가서 앞 시절로부터 미래제가 다하도록 일체 모든 겁 동안 휴식함이 없지만, 부처님 몸은 손상됨이 없다. 또한 고달프지도 않으며, 마음이 항상 정에 있어 산란함이 없으시다.

이것이 모든 부처님의 셋째 큰 나라연 당기처럼 용맹하고 굳건한 법이다.

불자여, 일체 모든 부처님께서 한 번 앉음에 공양을 마치고는 결가부좌하여 앞 시절과 뒤 시절의 말할 수 없는 겁을 지나도록, 부처님이 받는 바 부사의한 즐거움에 들어가 그 몸이 편안하게 머물러서 고요히 흔들리지 않으나, 또한 중생들을 교화하는 일을 폐하여 버리지 않으신다.

불자여, 가령 어떤 사람이 허공에 두루한 낱낱 세계를 모두 털끝으로써 차례로 헤아리는데, 모든 부처님께서 능히 한 털끝만 한 곳에서 결가부좌하여 미래 겁이 다하도록 하며, 한 털끝만 한 곳에서처럼 일체 털끝만 한 곳에서도 모두 또한 그러하다.

불자여, 가령 시방의 일체 세계에 있는 바 중생들이 낱낱 중생의 그 몸 크기가 다 말할 수 없는 부처님 세계 미진수 세계와 분량이 같고 무게도 또한 그러한데, 모든 부처님께서 능히 그러한 중생들을 한 손가락 끝에 놓고 뒤 시절에 있는 바 모든 겁을 다 하며, 일체 손가락 끝에도 모두 또한 이와 같이 하여 그러한 일체 중생을 다 지니고, 온 허공의 낱낱 세계에 들어가서 법계가 다하도록 모두 남음이 없게 하되 부처님의 몸과 마음은 일찍이 고달프지 아니하시다.

이것이 모든 부처님의 넷째 큰 나라연 당기처럼 용맹하고 굳건한 법이다.

불자여, 일체 모든 부처님께서 능히 한 몸에서 말할 수 없이 말할 수 없는 부처님 세계 미진수의 머리를 변화하여 나타내며, 낱낱 머리에서 말할 수 없이 말할 수 없는 부처님 세계 미진수의 혀를 변화하여 나타내며, 낱낱 혀에서 말할 수 없이 말할 수 없는 부처님 세계 미진수의 차별한 음성을 변화하여 내셔서, 법계의 중생들이 다 듣지 못함이 없다.

낱낱 음성이 말할 수 없이 말할 수 없는 부처님 세계 미진수의 수다라

장을 연설하고, 날날 수다라장에서 말할 수 없이 말할 수 없는 부처님 세계 미진수의 법을 연설하신다. 날날 법에 말할 수 없이 말할 수 없는 부처님 세계 미진수의 글자와 구절과 뜻이 있다.

이와 같이 연설하여 말할 수 없이 말할 수 없는 부처님 세계 미진수의 겁을 다하고, 이러한 겁을 다하고는 다시 또 연설하여 말할 수 없이 말할 수 없는 부처님 세계 미진수의 겁을 다한다.

이와 같이 차례로 내지 일체 세계 미진수를 다하고 일체 중생 마음의 생각의 수효를 다하되, 미래제의 겁은 오히려 다할 수 있지만 여래의 화신이 굴리시는 바 법륜은 다함이 없다.

이른바 지혜로 연설하는 법륜과, 모든 의혹을 끊는 법륜과, 일체 법을 비추는 법륜과, 걸림 없는 창고를 여는 법륜과, 한량없는 중생들로 하여금 환희하게 하여 조복시키는 법륜과, 일체 모든 보살의 행을 열어 보이는 법륜과, 높이 떠오르는 원만하고 큰 지혜태양의 법륜과, 세상을 비추는 지혜의 밝은 등을 널리 밝히는 법륜과, 두려움 없는 변재로 갖가지 장엄하는 법륜이다.

한 부처님 몸이 신통력으로 이와 같은 등의 차별한 법륜을 굴리는 것을 일체 세간 법으로 비유할 수 없듯이, 이와 같이 온 허공계의 낱낱 털끝 분량의 곳마다 말할 수 없이 말할 수 없는 부처님 세계 미진수의 세계가 있고, 낱낱 세계 가운데 생각생각

마다 말할 수 없이 말할 수 없는 부처님 세계 미진수의 화신을 나타내신다.

낱낱 화신도 다 또한 이와 같아서 설하는 바 음성과 글자와 구절과 뜻이 낱낱이 일체 법계에 가득하여, 그 가운데 중생들이 다 분명히 알게 되더라도, 부처님의 말씀은 변함이 없고 끊임이 없으며 다함이 없으시다.

이것이 모든 부처님의 다섯째 큰 나라연 당기처럼 용맹하고 굳건한 법이다.

불자여, 일체 모든 부처님은 다 덕상으로 가슴을 장엄하심이 마치 금강의 손상하거나 깨뜨릴 수 없음과 같으며, 보리수 아래에 결가부좌하시었다.

마왕의 군대는 그 수가 끝이 없는데 갖가지 기이한 형상이 매우 두렵고 무서워서, 중생들이 보는 자가 놀라고 두려워하지 않음이 없어 모두 광란을 일으키고 어떤 때는 죽음에 이른다. 이러한 마군의 무리들이 허공에 가득하였다.

여래께서 그들을 보시고는 마음에 무서워하거나 두려움이 없어 얼굴색이 변하지 않으며, 하나의 털끝도 곤두서지 않아서 흔들리지 않고 어지럽지도 않으며, 분별하는 바가 없어 모든 기쁨과 분노를 떠났으며, 고요하고 청정하게 부처님께서 머무르신 곳에 머무르며, 자비의 힘을 갖추어 모든 근이 조복되고 마음에 두려워하는 바가 없어서, 모든 마군의 무리가 흔들 수 있는 바가 아니며, 능히 일체 마군을 꺾어 굴복시켜서 모두 마음을 돌이켜 머리를 조아리고 귀의하게 한다.

그러한 뒤에 다시 삼륜으로 교화하여 그들로 하여금 모두 아뇩다라삼먁삼보리의 뜻을 내어 길이 물러나지 않게 하신다.

이것이 모든 부처님의 여섯째 큰 나라연 당기처럼 용맹하고 굳건한 법이다.

불자여, 일체 모든 부처님은 걸림 없는 음성이 있어서 그 소리가 시방

세계에 널리 두루하였는데 중생들이 듣는 자는 저절로 조복된다. 저 모든 여래께서 내는 음성은 수미로 등 일체 모든 산이 능히 막지 못한다.

천궁과, 용궁과, 야차궁과, 건달바와 아수라와 가루라와 긴나라와 마후라가와 사람인 듯 사람 아닌 듯한 이 등의 일체 모든 궁이 막을 수 없는 바이다. 일체 세계의 높고 큰 음성도 또한 능히 막을 수 없으며, 마땅히 교화할 바를 따라서 일체 중생이 다 듣지 못함이 없어, 그 글자와 구절과 뜻을 다 분명히 알게 된다.

이것이 모든 부처님의 일곱째 큰 나라연 당기처럼 용맹하고 굳건한 법이다.

불자여, 일체 모든 부처님의 마음은 장애가 없어 백천억 나유타 말할 수 없이 말할 수 없는 겁 동안 항상 착하고 청정하며, 과거와 미래와 현재의 일체 모든 부처님께서 동일한 체성이다.

흐림도 없고 가림도 없으며, '나'도

없고 나의 것도 없으며, 안도 아니고 밖도 아니며, 경계가 공적함을 알아 허망한 생각을 내지 않으며, 의지할 바도 없고 지을 바도 없어서, 모든 모양에 머무르지 않으며, 길이 분별을 끊어 본 성품이 청정하며, 일체 반연과 기억을 버리고 여의어 일체 법에 항상 어김이나 다툼이 없다.

실제에 머물러서 탐욕을 떠나 청정하며, 진여법계에 들어가 연설함이 다함이 없으며, 헤아림과 헤아림이 아닌, 있는 바 허망한 생각을 여의었

다. 유위와 무위의 일체 말이 끊어졌으며, 말할 수 없고 가없는 경계를 다 이미 통달하여 걸림이 없고 다함이 없다.

지혜와 방편으로 십력을 성취하고 일체 공덕과 장엄이 청정하며, 갖가지 한량없는 모든 법을 연설하되 모두 실상과 더불어 서로 위배되지 않으며, 모든 법계의 삼세 모든 법이 다 평등하여 다름이 없어서 구경에 자재하다.

일체 법의 가장 수승한 법장에 들

어가 일체 법문에 바른 생각으로 미혹되지 않으며, 시방의 일체 부처님 세계에 편안히 머물러 동요하지 않으며, 끊어짐이 없는 지혜를 얻어 일체 법을 알아 끝까지 남음이 없으며, 모든 유루를 다하여 마음을 잘 해탈하고 지혜로 잘 해탈하며, 실제에 머물러 걸림 없이 통달하여 마음이 항상 바른 선정에 있으며, 삼세 법과 일체 중생의 마음의 행을 한 생각에 분명하게 통달하여 모두 장애가 없다.

이것이 모든 부처님의 여덟째 큰 나라연 당기처럼 용맹하고 굳건한 법이다.

불자여, 일체 모든 부처님은 동일한 법신이시다. 경계가 한량없는 몸이며, 공덕이 가없는 몸이며, 세간에 다함없는 몸이며, 삼계에 물들지 않는 몸이며, 생각을 따라 나타내 보이는 몸이며, 진실함도 아니고 허망함도 아닌 평등하고 청정한 몸이며, 옴도 없고 감도 없는 무위의 무너지지 않는 몸이며, 한 모양이고 모양이 없는 법의 자체 성품인 몸이다.

처소도 없고 방향도 없는 일체에 두루한 몸이며, 신통 변화가 자재한 가없는 색상의 몸이며, 갖가지로 나타내 보여서 널리 일체에 들어가는 몸이며, 미묘한 법의 방편인 몸이며, 지혜창고가 널리 비추는 몸이며, 법을 평등하게 보이는 몸이며, 법계에 널리 두루한 몸이며, 움직임도 없고 분별도 없고 있지도 않고 없지도 않은 항상 청정한 몸이다.

방편도 아니고 방편 아님도 아니며 사라짐도 아니고 사라지지 않음도 아니되 마땅히 교화할 바 일체 중생의 갖가지 믿고 이해함을 따라 나타내 보이는 몸이다.

일체 공덕 보배에서 생긴 몸이며, 일체 모든 부처님의 법을 갖춘 진여의 몸이며, 본래성품이 적정하여 장애가 없는 몸이며, 일체 걸림 없는 법을 성취한 몸이며, 일체 청정한 법계에 두루 머무르는 몸이며, 형상을 나누어 일체 세간에 널리 두루하는 몸이며, 반연함도 없고 물러남도 없이 길이 해탈하여 일체지를 갖추어 널리 요달하는 몸이다.

이것이 모든 부처님의 아홉째 큰 나라연 당기처럼 용맹하고 굳건한 법이다.

불자여, 일체 모든 부처님께서 일체 모든 여래의 법을 평등하게 깨달으며, 일체 모든 보살행을 평등하게 닦으며, 서원과 지혜가 청정하고 평등함이 마치 큰 바다와 같아서 모두 만족함을 얻으며, 수행의 힘이 높고 수승하여 일찍이 물러나거나 겁내지 않으신다.

모든 삼매의 한량없는 경계에 머물러 일체 도리를 보여 선을 권하고 악을 경계하며, 지혜의 힘이 제일이어서 법을 연설함에 두려움이 없으며, 묻는 바가 있음을 따라서 다 능히 잘 대답하며, 지혜로 법을 설함이 평등하고 청정하며, 몸과 말과 뜻의 행이 모두 다 잡됨이 없으시다.

부처님께서 머무르시는 바 모든 부

처님의 종성에 머물러서 부처님의 지혜로 불사를 지으며, 일체지에 머물러 한량없는 법이 근본도 없고 끝이 없음을 연설하며, 신통과 지혜는 불가사의하여 일체 세간이 분명히 알지 못하며, 지혜에 깊이 들어가서 일체 법이 미묘하고 광대하여 한량없고 가없음을 보신다.

삼세의 법문을 모두 잘 통달하며, 일체 세계를 모두 능히 깨우치며, 출세간 지혜로 모든 세간에서 말할 수 없는 갖가지 불사를 지으며, 물러나지 않는 지혜를 이루어 모든 부처님의 수효에 들어가신다.

비록 말할 수 없고 글자를 떠난 법을 이미 증득하였으나 갖가지 말을 능히 열어 보이며, 보현의 지혜로 모든 선행을 모으며, 한 생각에 서로 응하는 미묘한 지혜를 성취하여 일체 법을 다 능히 밝게 깨달으며, 먼저 생각한 바와 같이 일체 중생에게 다 스스로의 법에 의지하도록 그 법을 베푼다. 일체 모든 법과, 일체 세계와, 일체 중생과, 일체 삼세의 법계 안에 이와 같은 경계가 그 양이 가없음을 걸림 없는 지혜로 다 능히 알고 보신다.

불자여, 일체 모든 부처님께서 한 생각 동안에 마땅히 교화할 바를 따라 세상에 출현하며, 청정한 국토에 머물러 등정각을 이루고 신통력을 나타내어 삼세 일체 중생의 마음과 뜻과 식을 깨우치되 때를 잃지 않으신다.

불자여, 중생들이 가없고, 세계가 가없고, 법계가 가없고, 삼세가 가없는데, 모든 부처님의 가장 수승함도 또한 가없어서 다 그 가운데 나타나 등정각을 이루고, 부처님의 지혜로써 방편으로 깨닫게 하되 휴식함이 없으시다.

불자여, 일체 모든 부처님께서 신통력으로 가장 미묘한 몸을 나타내어 가없는 곳에 머무르며, 대비의 방편으로 마음이 장애가 없어서 일체 때에 항상 중생들을 위하여 미묘한 법을 연설하신다.

이것이 모든 부처님의 열째 큰 나

리연 당기처럼 용맹하고 굳건한 법이다.

불자여, 이 일체 모든 부처님의 큰 나라연 당기처럼 용맹하고 굳건한 법은 한량없고 가없고 불가사의하여 과거와 미래와 현재의 일체 중생과 그리고 이승들이 분명히 알 수 없고, 오직 여래의 위신력으로 가피하신 이는 제외한다.

불자여, 모든 부처님 세존께는 열 가지 결정한 법이 있으니, 무엇이 열인가?

이른바 일체 모든 부처님께서 결정코 도솔천에서 수명이 다하면 내려와 탄생하시며, 일체 모든 부처님께서 결정코 탄생할 때 열 달 동안 태에 머무름을 보이신다.

일체 모든 부처님께서 결정코 세속을 싫어하여 출가를 즐거이 구하시며, 일체 모든 부처님께서 결정코 보리수 아래 앉아서 등정각을 이루어 모든 불법을 깨달으신다.

일체 모든 부처님께서 결정코 한 생각에 일체 법을 깨닫고 일체 세계에서 위신력을 나타내 보이시며, 일체 모든 부처님께서 결정코 능히 때에 응하여 미묘한 법륜을 굴리신다.

일체 모든 부처님께서 결정코 능히 저들이 심은 바 선근을 따라서 때에 응하여 법을 설하고 수기를 주시며, 일체 모든 부처님께서 결정코 능히 때에 응하여 불사를 지으신다.

일체 모든 부처님께서 결정코 능히

보살들을 모두 성취하기 위하여 수기를 주시며, 일체 모든 부처님께서 결정코 능히 한 생각 동안에 일체 중생의 질문하는 바에 널리 대답하신다.

이것이 열이다.

불자여, 모든 부처님 세존께는 열 가지 빠른 법이 있으니, 무엇이 열인가?

이른바 일체 모든 부처님을 만약 친견하는 자는 빨리 일체 나쁜 갈래를 멀리 여의게 되며, 일체 모든 부처님을 만약 친견하는 자는 빨리 수승한 공덕을 원만하게 되며, 일체 모든 부처님을 만약 친견하는 자는 빨리 능히 광대한 선근을 성취하며, 일체 모든 부처님을 만약 친견하는 자는 빨리 청정하고 미묘한 천상에 왕생하게 된다.

일체 모든 부처님을 만약 친견하는 자는 빨리 능히 일체 의혹을 끊어 없애며, 일체 모든 부처님을 만약 이미 보리심을 내어 친견하는 자는 빨리 광대한 믿음과 지해를 성취함을 얻어 길이 물러나지 않고 능히 응할 바를 따라서 중생들을 교화하며, 만약 아직 발심하지 못하였다면 곧 능히 빨리 아뇩다라삼먁삼보리심을 일으킨다.

일체 모든 부처님을 만약 아직 바른 지위에 들어가지 못하고 친견하는 자는 빨리 바른 지위에 들어가며, 일체 모든 부처님을 만약 친견하는 자는 빨리 능히 세간과 출세간의 일체 모든 근기를 청정하게 한다.

일체 모든 부처님을 만약 친견하는 자는 빨리 일체 장애를 제거하여 없애게 되며, 일체 모든 부처님을 만약 친견하는 자는 빨리 능히 두려움 없는 변재를 얻는다.

이것이 열이다.

불자여, 모든 부처님 세존께는 열 가지 마땅히 항상 기억해야 할 청정한 법이 있으니, 무엇이 열인가?

이른바 일체 모든 부처님의 과거 인연을 일체 보살이 마땅히 항상 기억해야 하며, 일체 모든 부처님의 청정하고 수승한 행을 일체 보살이 마땅히 항상 기억해야 하며, 일체 모든 부처님의 만족한 모든 바라밀을 일체 보살이 마땅히 항상 기억해야 한다.

일체 모든 부처님의 성취한 큰 서원을 일체 보살이 마땅히 항상 기억해야 하며, 일체 모든 부처님의 쌓아 모은 선근을 일체 보살이 마땅히 항상 기억해야 하며, 일체 모든 부처님의 이미 구족한 범행을 일체 보살이 마땅히 항상 기억해야 한다.

일체 모든 부처님의 바른 깨달음 이룸을 나타낸 것을 일체 보살이 마땅히 항상 기억해야 하며, 일체 모든 부처님의 색신이 한량없음을 일체 보살이 마땅히 항상 기억해야 하며, 일체 모든 부처님의 한량없는 신통을 일체 보살이 마땅히 항상 기억해야 하며, 일체 모든 부처님의 십력과 무외를 일체 보살이 마땅히 항상 기억해야 한다.

이것이 열이다.

불자여, 모든 부처님 세존께는 열 가지 일체지에 머무름이 있으니, 무엇이 열인가?

이른바 일체 모든 부처님께서 한 생각 동안에 삼세 일체 중생의 마음과 마음이 행한 바를 다 아시며, 일체 모든 부처님께서 한 생각 동안에 삼세 일체 중생의 모은 바 모든 업과 그리고 업의 과보를 다 아시며, 일체 모든 부처님께서 한 생각 동안에 일체 중생의 마땅한 바를 다 알고 세 가지 법륜으로 교화하여 조복하신다.

일체 모든 부처님께서 한 생각 동안에 법계 일체 중생의 있는 바 마음의 모습을 다 알아 일체 처에 부처님께서 출현함을 널리 나타내어 그들이 보게 하여 방편으로 거두어 주신다.

일체 모든 부처님께서 한 생각 동안에 널리 법계 일체 중생의 마음에 즐겨함과 욕망과 지해를 따라서 법을 설함을 나타내 보여 그들로 하여금 조복하게 하시며, 일체 모든 부처님께서 한 생각 동안에 법계 일체 중생의 마음에 즐겨하는 바를 다 알아서 위신력을 나타내시며, 일체 모든 부처님께서 한 생각 동안에 일체 처에 두루하여 마땅히 교화할 바 일체 중생을 따라서 출현함을 나타내 보이되 부처님의 몸은 집착할 수 없음을 설하신다.

일체 모든 부처님께서 한 생각 동안에 법계의 일체 처에 있는 일체 중생의 저마다의 모든 길에 널리 이르시며, 일체 모든 부처님께서 한 생각 동안에 모든 중생들의 기억하는 자를 따라서 있는 곳마다 가서 응하시지 않음이 없으며, 일체 모든 부처님께서 한 생각 동안에 일체 중생의 이해와 욕망을 다 알고 그들을 위하여 한량없는 색상을 나타내 보이신다.

이것이 열이다.

불자여, 모든 부처님 세존께는 열 가지 한량없고 불가사의한 부처님 삼매가 있으니, 무엇이 열인가?

이른바 일체 모든 부처님께서 항상

바른 선정에 있으면서 한 생각 동안에 일체 처에 두루하여 널리 중생들을 위하여 미묘한 법을 널리 설하시며, 일체 모든 부처님께서 항상 바른 선정에 있으면서 한 생각 동안에 일체 처에 두루하여 널리 중생들을 위하여 무아의 경계를 설하신다.

일체 모든 부처님께서 항상 바른 선정에 머무르면서 한 생각 동안에 일체 처에 두루하여 삼세에 널리 들어가시며, 일체 모든 부처님께서 항상 바른 선정에 있으면서 한 생각 동안에 일체 처에 두루하여 시방의 광대한 부처님 세계에 널리 들어가신다.

일체 모든 부처님께서 항상 바른 선정에 있으면서 한 생각 동안에 일체 처에 두루하여 한량없는 갖가지 부처님 몸을 널리 나타내시며, 일체 모든 부처님께서 항상 바른 선정에 있으면서 한 생각 동안에 일체 처에 두루하여 모든 중생들의 갖가지 마음의 이해를 따라 몸과 말과 뜻을 나타내신다.

일체 모든 부처님께서 항상 바른 선정에 있으면서 한 생각 동안에 일체 처에 두루하여 일체 법의 욕심을 여읜 진제를 설하시며, 일체 모든 부처님께서 항상 바른 선정에 머무르면서 한 생각 동안에 일체 처에 두루하여 일체 연기의 자성을 연설하신다.

일체 모든 부처님께서 항상 바른 선정에 머무르면서 한 생각 동안에 일체 처에 두루하여 한량없는 세간과 출세간의 광대한 장엄을 나타내 보여 모든 중생들로 하여금 항상 부처님을 친견하게 하시며, 일체 모든 부처님께서 항상 바른 선정에 머무르면서 한 생각 동안에 일체 처에 두루하여 모든 중생들로 하여금 다 일체 불법의 한량없는 해탈을 통달하여 구경에 위없는 피안에 이르게 하신다.

이것이 열이다.

불자여, 모든 부처님 세존께는 열 가지 걸림 없는 해탈이 있으니, 무엇이 열인가?

이른바 일체 모든 부처님께서 능히 한 티끌에 말할 수 없이 말할 수 없는 모든 부처님께서 세상에 출현함을 나타내시며, 일체 모든 부처님께서 능히 한 티끌에 말할 수 없이 말할 수 없는 모든 부처님이 청정한 법륜 굴림을 나타내신다.

일체 모든 부처님께서 능히 한 티끌에 말할 수 없이 말할 수 없는 중생들이 교화를 받고 조복함을 나타내시며, 일체 모든 부처님께서 능히 한 티끌에 말할 수 없이 말할 수 없는 모든 부처님의 국토를 나타내신다.

일체 모든 부처님께서 능히 한 티끌에 말할 수 없이 말할 수 없는 보살의 수기 받음을 나타내시며, 일체 모든 부처님께서 능히 한 티끌에 과거와 미래와 현재의 일체 모든 부처님을 나타내신다.

일체 모든 부처님께서 능히 한 티끌에 과거와 미래와 현재의 모든 세계종을 나타내시며, 일체 모든 부처님께서 능히 한 티끌에 과거와 미래와 현재의 일체 신통을 나타내신다.

일체 모든 부처님께서 능히 한 티끌에 과거와 미래와 현재의 일체 중생을 나타내시며, 일체 모든 부처님께서 능히 한 티끌에 과거와 미래와 현재의 일체 불사를 나타내신다.

이것이 열이다."

〈대방광불화엄경 제47권〉

회향송

아차보현수승행
무변승복개회향
보원침익제중생
속왕무량광불찰

시방삼세일체불
제존보살마하살
마하반야바라밀

我此普賢殊勝行
無邊勝福皆迴向
普願沈溺諸衆生
速往無量光佛刹

十方三世一切佛
諸尊菩薩摩訶薩
摩訶般若波羅蜜

大方廣佛華嚴經

부록

•

대방광불화엄경 목차

•

간행사

대방광불화엄경 목차

〈제4회〉

제19권 제19품 승야마천궁품
제20품 야마궁중게찬품
제21품 십행품 [1]
제20권 제21품 십행품 [2]
제21권 제22품 십무진장품

〈제5회〉

제22권 제23품 승도솔천궁품
제23권 제24품 도솔궁중게찬품
제25품 십회향품 [1]
제24권 제25품 십회향품 [2]
제25권 제25품 십회향품 [3]
제26권 제25품 십회향품 [4]
제27권 제25품 십회향품 [5]
제28권 제25품 십회향품 [6]
제29권 제25품 십회향품 [7]
제30권 제25품 십회향품 [8]
제31권 제25품 십회향품 [9]
제32권 제25품 십회향품 [10]
제33권 제25품 십회향품 [11]

〈제6회〉

제34권 제26품 십지품 [1]
제35권 제26품 십지품 [2]
제36권 제26품 십지품 [3]
제37권 제26품 십지품 [4]
제38권 제26품 십지품 [5]
제39권 제26품 십지품 [6]

〈제7회〉

제40권 제27품 십정품 [1]
제41권 제27품 십정품 [2]
제42권 제27품 십정품 [3]
제43권 제27품 십정품 [4]
제44권 제28품 십통품
제29품 십인품
제45권 제30품 아승지품
제31품 수량품
제32품 제보살주처품
제46권 제33품 불부사의법품 [1]
제47권 제33품 불부사의법품 [2]

제48권 제34품 여래십신상해품

제35품 여래수호광명공덕품

제49권 제36품 보현행품

제50권 제37품 여래출현품 [1]

제51권 제37품 여래출현품 [2]

제52권 제37품 여래출현품 [3]

〈제8회〉

제53권 제38품 이세간품 [1]

제54권 제38품 이세간품 [2]

제55권 제38품 이세간품 [3]

제56권 제38품 이세간품 [4]

제57권 제38품 이세간품 [5]

제58권 제38품 이세간품 [6]

제59권 제38품 이세간품 [7]

〈제9회〉

제60권 제39품 입법계품 [1]

제61권 제39품 입법계품 [2]

제62권 제39품 입법계품 [3]

제63권 제39품 입법계품 [4]

제64권 제39품 입법계품 [5]

제65권 제39품 입법계품 [6]

제66권 제39품 입법계품 [7]

제67권 제39품 입법계품 [8]

제68권 제39품 입법계품 [9]

제69권 제39품 입법계품 [10]

제70권 제39품 입법계품 [11]

제71권 제39품 입법계품 [12]

제72권 제39품 입법계품 [13]

제73권 제39품 입법계품 [14]

제74권 제39품 입법계품 [15]

제75권 제39품 입법계품 [16]

제76권 제39품 입법계품 [17]

제77권 제39품 입법계품 [18]

제78권 제39품 입법계품 [19]

제79권 제39품 입법계품 [20]

제80권 제39품 입법계품 [21]

간 행 사

귀의삼보 하옵고,

『대방광불화엄경』의 수지 독송과 유통을 발원하면서 수미정사 불전연구원에서 『독송본 한문·한글역 대방광불화엄경』과 『사경본 한글역 대방광불화엄경』을 편찬하여 간행하게 되었습니다.

『화엄경』은 우리나라에 전래된 이래 일찍부터 사경되고 주석·강설되어 왔으며 근현대에 이르러서는 『화엄경』의 한글 번역과 연구도 부쩍 많이 이루어졌습니다. 그만큼 『화엄경』이 우리 불자님들의 신행과 해탈에 큰 의지처가 되었던 것임을 알 수 있습니다.

『화엄경』을 독송하고 사경하는 공덕은 설법 공덕과 함께 크게 강조되어 왔습니다. 그리하여 수미정사 불전연구원에서도 『화엄경』(80권)을 독송하고 사경하는 데 도움이 되도록 한문 원문과 한글역을 함께 수록한 독송본과 한글역의 사경본 『화엄경』 간행불사를 발원하였습니다. 이 『화엄경』 간행불사에 뜻을 같이하여 적극 후원해주신 스님들과 재가 불자님들께 깊이 감사드립니다. 또한 『화엄경』을 수지 독송할 수 있도록 경책의 모습으로 장엄해 주신 편집위원들과 담앤북스 출판사 관계자들께도 고마움을 표합니다.

끝으로 이 불사의 원만 회향으로 『화엄경』이 널리 유통되고, 온 법계에 부처님의 가피가 충만하시길 기원드립니다.

나무 대방광불화엄경

불기 2564년 '부처님오신날'을 봉축하며

수미해주 합장

위태천신(동진보살)

수미해주 *須彌海住*

호거산 운문사에서 성관 스님을 은사로 출가, 석암 대화상을 계사로 사미니계 수계, 월하 전계사를 계사로 비구니계 수계, 계룡산 동학사 전문강원 졸업, 동국대학교 불교대학 및 동 대학원 졸업, 철학박사, 가산지관 대종사에게서 전강, 동국대학교 불교대학 교수, 동학승가대학 학장 및 화엄학림 학림장, 중앙승가대학교 법인이사 역임.

(현) 수미정사 주지, 동국대학교 명예교수.

저·역서로 『의상화엄사상사연구』, 『화엄의 세계』, 『정선 원효』, 『정선 화엄1』, 『정선 지눌』, 『법계도기 총수록』, 『해주스님의 법성게 강설』 등 다수.

사경본 한글역

대방광불화엄경 제47권

| **초판 1쇄 발행**_ 2024년 8월 24일

| **엮은이**_ 수미해주
| **엮은곳**_ 수미정사 불전연구원
| **편집위원**_ 해주 수정 경진 선초 정천 석도 박보람 최원섭
| **편집보**_ 무이 무진 지욱 혜명

| **펴낸이**_ 오세룡
| **펴낸곳**_ 담앤북스
서울특별시 종로구 새문안로3길 23 경희궁의 아침 4단지 805호
대표전화 02)765-1251 전자우편 dhamenbooks@naver.com
출판등록 제300-2011-115호
| ISBN_ 979-11-6201-475-2 04220

정가 10,000원